Lulu lernt lesen

Leselehrgang von Petra Tolkmitt

Unter Mitwirkung von Renate Hackethal † und Dr. Lisa Dummer-Smoch.
Mit Illustrationen von Heidi Metzler, Krefeld.

- Das gelbe Ringbuch – Vorkurs,
  Arbeitsbuch für jeden Schüler,
  Best.-Nr.: 210 282

- Das grüne Lesebuch
  Best.-Nr.: 210 451

- Das blaue Ringbuch – Arbeitsbuch in Heftausgabe
  für jeden Schüler,
  Best.-Nr.: 210 455

Grünes Lesebuch, Hardcoverausgabe: ISBN: 978-3-89803-451-7

2., erweiterte Ausgabe der Auflage von 2005

Direktvertrieb: Dieck-Verlag, Richard-Wagner-Str. 1, D-52525 Heinsberg,
Tel. 0 24 52 / 60 41, Fax 0 24 52 / 6 65 94, E-Mail: info@dieck-buch.de,
Homepage: www.dieckbuch.de

Ali Lulu Lola Uli

L l

Ole

Mimi

M m

Mimi mit Ole

mit

Susi

S s

Mama mit Mimi im

Mama mit Susi im

im

Ari mit Romi

R r

Papa mit Mimi

P p

Ole und Mimi lesen.

Lesen Susi und Nero?

N n

und

Fine und Lisa rufen:

Ole mit Nero!

F f

Laura und Pauli raufen.

Ole und Ari rufen:
Pauli, Pauli!

Nina, Fine und Romi rufen:
Laura, Laura!

Mimi und Lisa rufen:
Aus!

Au au

Fine mit Tilo am Telefon

Fine und Tilo rufen an.
Fine ist am Telefon.
Tilo ist am Telefon.

T t	ist

Nina und Ari reiten
mit Lupo und Rosi.

Nina: Mein feiner Lupo.
Ari: Meine feine Rosi.

Ei ei

Ole und Heino holen ein Seil.
Es ist im Haus.

Heino: Mein Seil!
Ole: Nein, mein Seil!
Mimi: Heino, es ist Oles Seil!

H h

<u>Mimi</u>: Was ist los, Susi?
<u>Susi</u>: Mein Wuli!
<u>Mimi</u>: Wo ist Wuli?
<u>Susi</u>: Hole Papi!

W w

<u>Papa</u>: Susi, was ist los?
<u>Susi</u>: Hole Wuli raus!
<u>Papa</u>: Wir sehen nach, Mimi!
<u>Mimi</u>: Papa, ich sehe was!
<u>Susi</u>: Mein Wuli!
Mein feiner Wuli!

Nun lachen Papa, Susi und Mimi.

Papa und Mimi
machen ein Foto
mit Susi und Wuli.

Ch ch

Wo ist Ole?

Ole ist im Polizeiauto.
Sie suchen seine Mama.
Wo ist sie?

Seine Mama ist zu Hause.
Ole und Mama lachen.

Z z	sie

Einkaufen

Kuno und Karoline kaufen mit Oma ein.

Sie kaufen
Salat, Tomaten, eine Melone, Kiwis,
Salami, Kuchen, Eier, Rosenseife
und Eis.

K k

Mimi und Ole haben ein Baumhaus.
Sie lesen und malen im Baumhaus.
Nun heben sie Lelo hoch.

B b

Mimi, Tilo und Karoline toben mit Tobi
auf einem Bauernhof.
Sie raufen im Heu
und lachen laut.
Tobi tut sich weh.
Nun hat er auch noch eine Beule!
Aber Tobi heult nicht.

Eu eu

Simone und Kuno lesen ein Buch.
In dem Buch sind Dinos.
Pauli und Ole haben Dinos mit.
Mimi und Lisa malen beide einen Dino.

D d

Golo, Ida und Lisa toben im Regen.
Da sehen alle einen Igel im Garten.
Lisa, Ida und Golo holen Opa
und zeigen den Igel.

G g

Es ist ein warmer Junitag.
Janina und Laura
wollen im See baden.
Aber das Wasser ist noch kalt.
Sie trauen sich nicht hinein.

Da kommen Pauli und Ari.
Sie ärgern die Mädchen
und lachen sie aus.
Sie rufen: „Feige, feige!"

Da werden die Mädchen ärgerlich
und machen die Jungen nass.
Nun laufen die Jungen weg.
Die Mädchen rufen:
„Feige, feige, feige!"

J j	ä	ie

Romi und Ari üben

Ari und Romi machen Hausaufgaben.
Sie üben.
Nun lesen sie laut.
Aber Ari und Romi sind so müde.

Ari: Ich bin so müde, Mama!
Mama: Weiterlesen, Ari!
Romi: Mama, ich bin auch so müde.
Mama: Romi, noch einmal leise lesen!

Ari und Romi üben weiter.
Aber nach 5 Minuten
ist Mama mit Eis da.

Ü ü

Auf dem Schulhof

Auf dem Schulhof ist eine neue Schaukel.
Karoline ist auf der Schaukel.

Heino: Nun schaukele ich.
Ich warte nicht.
Pauli: Nein, du bist noch nicht an der Reihe!
Mimi: Genau, wir warten
auch schon eine Weile.
Simone: Erst sind Pauli, Mimi
und ich an der Reihe.

Sch sch

Die Vogelhochzeit

Die Schüler verkleiden sich heute
als Vögel.
Lisa ist die Vogelmama,
Ole ist der Vogelvater
und Mimi ist das Vogelküken.
Sie üben für die Einschulung.

V v

Ö ö

Quaki

Karoline und Kuno haben ein kleines Entenküken.
Sein Name ist Quaki.
Quaki hat keine Mama.
Karoline und Kuno bauen für Quaki
einen Käfig und einen Teich.
Nun gehen sie mit Quaki baden.

Qu qu

Ein Angeber?

Heute ist ein schöner Tag.
Heino, Ole, Mimi, Fine, Golo und Romi
laufen und toben auf der Wiese.
Aber Ole ist böse auf Heino.

Mimi: Was ist los, Ole?
Ole: Heino ist ein Angeber.
Heino: Aber ich bin größer und mutiger als Ole.
Fine: Ole ist aber auch mutig.
Golo: Hör mit dem Angeben auf, Heino!
Heino: Tut mir leid, Ole.
Das war nicht so gemeint.

ß

Auf dem Ponyhof

Nina und Ari sind auf dem Ponyhof.
Für beide ist ein Pony da.
Heute reitet Nina auf Rosi
und Ari reitet auf Lupo.
Sie reiten aus.
Auf einmal rasen die Ponys los.
Nina und Ari rufen: Halt!
Rosi und Lupo halten an.

Y y

Tilos Mäuse

Tilo hat neue weiße Mäuse.
Heute ist Tante Renate bei Tilo zu Besuch.

Tante Renate:	Wie heißen deine Mäuse?
Tilo:	Sie heißen Caro und Räuber.
Tante Renate:	Warum Räuber?
Tilo:	Na, weil er Caro das Futter klaut.

C c

äu

Kasper und Hexe

Heute ist der Kasper in der Schule.
Alle gehen in die Aula.
Kasper und der Vogel Lori machen Faxen.
Die böse Hexe Rixa verzaubert Lori
in eine Maus.
Aber Kasper und die gute Hexe Cora
verjagen die böse Rixa
und Lori wird wieder ein Vogel.
Alle Kinder freuen sich.

X x

Wo ist Micky?

Kuno und Karoline
gehen mit ihrem Dackel Micky Gassi.

An der Ecke stehen Laura und Tobi.

Laura: „Hallo, wollen wir schaukeln gehen?"
Kuno: „Au ja, wir kommen mit."

Karoline bindet Micky an einen Baum
und dann laufen die Kinder los.

Als sie nach einer halben Stunde
wieder zurück sind, ist Micky nicht da.
Sie suchen überall.
Aber Micky ist nicht zu finden.

Karoline: „Wir müssen es Oma sagen."

Traurig laufen sie nach Hause.
Als sie in den Garten gehen,
hören sie ein lautes Bellen.

Der kleine Dackel wartet vor der Haustür,
weil Oma nicht da ist.

Kuno: „Micky, zum Glück bist du wieder da!"

Nun warten alle drei auf Oma.

ck | St st

Ferien auf dem Reiterhof

In den Ferien ist Nina auf dem Reiterhof.
Nina arbeitet viel im Stall.
Sie mistet die Boxen aus.
Nina muss die Pferde putzen,
striegeln und füttern.
Doch sie hat auch jeden Tag Reitunterricht.
Am schönsten sind für Nina aber
die Ausritte in den Wald.

Pf pf

Eine Katze für Janina

Janinas Vater hat im Wald
eine kleine Katze gefunden.
Vater sagt: „Die ist für dich,
bis wir wissen, wem sie gehört.“

Janina freut sich.
„Ich werde sie Conny nennen“, sagt Janina.
Dann holt sie einen Karton
und legt ein altes Kissen hinein.
Mama ruft: „Das ist aber ein tolles Bett!“

Janina gibt Conny noch Futter.
Conny frisst gierig.
Dann kuschelt sie sich in ihr neues Bett.
Janina streichelt Conny.

Weil sich niemand meldet,
darf Janina die Katze behalten.

tz

Hobbys

Heute sollen die Kinder in der Klasse
von ihren Hobbys erzählen.

Alle melden sich.

Frau Bader schreibt an die Tafel,
wer Sport treibt:
Nina und Ari reiten.
Tobi, Kuno, Ole und Pauli spielen Fußball.
Laura, Tilo und Tobi spielen Handball.
Fine, Romi und Golo spielen Tennis.
Lisa, Mimi, Karoline und Simone tanzen Ballett.
Heino und Golo sind beim Schwimmen.

Einige Kinder spielen auch ein Instrument:
Golo spielt Geige,
Heino spielt Trompete,
Mimi und Ole spielen Klavier.

Pauli und Simone singen im Chor.

Janina und Nina gehen zum Malen und Basteln.

Sp sp

Laura hat ein Tierlexikon.

Sie liest:

Dachse graben sich einen Bau mit vielen Kammern.
Nachts gehen sie auf die Jagd.
Sie fressen Beeren, Pilze, Obst, aber auch kleine Tiere.

Luchse gehören zu den Raubkatzen. Man kann sie gut an den Büscheln auf den Ohren erkennen. Ihr Schwanz ist kurz.
Im Winter haben die Männchen einen Backenbart.

Eidechsen sind flinke Tiere, die Wärme lieben und brauchen.
Bei Gefahren werfen manche ihren Schwanz ab.
Er wächst wieder nach.

Füchse leben im Wald.
Sie sind scheu.
Aber sie sind auch Raubtiere.
Ihre Jungen ziehen sie im Bau auf.

chs

Eine ganz kurze Geschichte

Janina kommt verlegen in die Küche:

„Mama, magst du eine ganz kurze Geschichte hören?“

„Ja, mein Kind.“

„Ich hoffe, sie wird dir gefallen“, sagt Janina.

„Ich mag alle Geschichten“, sagt Mama.

„Aber diese ist sehr kurz“, murmelt Janina.

„Das macht doch nichts.
Fang einfach an“,
erwidert Mama.

„Also, es war einmal eine Blumenvase.
Und – und – und die habe ich
vorhin fallen lassen.
Nun ist sie kaputt.“

Erholung

Tilo, Nina, Fine und Heino spielen.
Tilos Oma kommt ins Zimmer.

Sie fragt: „Was spielt ihr denn Schönes?“

Die Kinder antworten: „Wir spielen Doktor.“

„Wer ist der Doktor?“, fragt Oma.

„Das bin ich“, sagt Heino.

„Aber warum sitzt der Tilo denn
auf dem Schrank?“,
fragt Oma erstaunt.

„Den habe ich zur Erholung
in die Berge geschickt“, antwortet Heino.

„Und warum sitzt Fine
in der Waschschüssel?“,
will Oma wissen.

„Die habe ich zur Erholung
ans Meer geschickt“,
sagt Heino.

„Aber warum macht Nina immer Purzelbäume?“,
fragt Oma ratlos.

„Die hat ihre Medizin genommen
und vergessen sie vorher zu schütteln.
Die muss sie nun im Bauch schütteln“,
lacht Heino.

Brüderchen und Schwesterchen

„Du hast aber einen dicken Bauch“,
sagt Susi zu Mama.

Mama antwortet: „Ich bekomme ein Baby.“

„Toll, ich möchte eine kleine Schwester!“,
ruft Mimi.

„Ich will aber einen Bruder“, mault Susi.

Mama lacht und sagt:
„Wir lassen uns einfach überraschen.“

Acht Wochen später muss der Papa die Mama am Morgen ins Krankenhaus bringen.

„Wir bekommen unser Baby“, sagt Papa.

„Einen Bruder“, meint Susi.

„Eine Schwester“, meint Mimi.

Am Abend kommt Papa nach Hause.

„Habe ich einen Bruder bekommen?“,
fragt Susi.

„Ja“, sagt Papa.

„Ich wollte aber eine Schwester“,
meint Mimi traurig.

„Die hast du auch bekommen,
es sind nämlich Zwillinge“, lacht Papa.

Ein Foto für Lulu

Eines Morgens
findet Lulu
einen großen Brief
in ihrem Briefkasten.
Sie macht ihn auf
und liest:

Liebe Lulu!

Das Foto ist für dich zur Erinnerung.

In der ersten Reihe hocken
Golo, Nina, Pauli, Janina und Ari.
In der zweiten Reihe stehen
Kuno, Tilo, Romi, Fine, Karoline
und Lisa.
In der dritten Reihe sind
Frau Bader, Laura, Tobi, Mimi, Ole
und Heino.

Komm uns bitte wieder besuchen!

Viele liebe Grüße!

Fine TOBI
Pauli Frau Bader Ari
Romi Nina Kuna Laura
Golo Heino Tilo Janina
Karoline Ole Lisa Mimi

5 kleine Geschichten...

Lilo und der Nuckel

Lilo ist Oles kleine Schwester. Lelo ist Oles Hund. Lilo ist vier Jahre alt und nuckelt noch. Deshalb wird sie oft ausgelacht und ermahnt. Nun versucht sie, Lelo zum Nuckeln zu bringen, damit sie ihn auch einmal ermahnen kann.

Sina und Nino, die beiden Schweinchen

Lulu hat zwei Schweinchen. Sie heißen Sina und Nino.
Sie werden nicht geschlachtet, sondern sind Lulus Haustiere.
Sina und Nino dürfen malen. Lulu gibt ihnen alte Farben,
lila und rosa. Beide bekleckern sich über und über mit Farbe.

Fine, Simone und Rufus

Fine hat Besuch von Simone. Sie wollen es sich beide im Sessel gemütlich machen und Fines Sammelbilder anschauen. Doch Rufus hat sich in den Sessel gelegt, obwohl er das nicht darf, denn er hat ja ein Körbchen.
Als die beiden Mädchen den Hund vom Sessel jagen wollen, knurrt er sie an. Mit Gewalt zerrt Fine ihn heraus.
Doch als die beiden Mädchen zurück ins Wohnzimmer kommen, hat Remo, Fines Kater, sich dort breitgemacht.

1

Heini ist ein Hase.

2

Leni ist eine Hasenfrau.

3

Oh, meine Leni!

Oh, mein Heini!

4

Heini und Leni heiraten.

Heini und Leni heiraten

Im Wald, in dem Lulu wohnt, leben auch Heini, ein Hase, und Leni, eine Hasendame. Heini verliebt sich in Leni und beide feiern Hasenhochzeit.

Ida, Berni und Dido